ALINE COMBE

DÉCÉDÉE A CHATILLON-SUR-LOING

Le 29 Septembre 1889

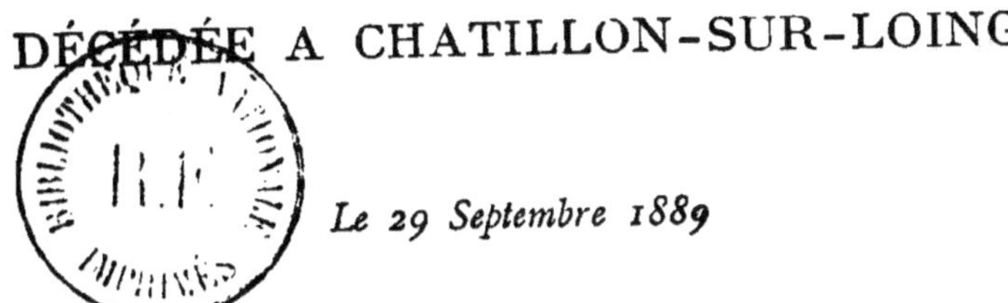

ORLÉANS

IMPRIMERIE DE GEORGES JACOB

8, RUE SAINT-ÉTIENNE, 8

—

1889

ALINE COMBE

Le 29 septembre 1889, à la fleur de l'àge, mourait, dans la paroisse de Châtillon-sur-Loing, une enfant candide et pure, Aline Combe.

Nous avons entrepris de retracer ici, en quelques mots, les principales qualités de notre chère cousine, si prématurément enlevée à l'affection des siens.

Aline Combe naquit à Châtillon en 1872, le

jour où l'Église célèbre la fête de l'Épiphanie de Notre-Seigneur. Dès sa plus tendre enfance, elle fit paraître les vertus les plus admirables : douceur, amour filial, piété, tout semblait se réunir dans son jeune cœur et annoncer déjà ce qu'elle serait plus tard. Il semblait que Dieu voulût se hâter de perfectionner cette âme d'élite pour la rendre digne plus tôt des jouissances du Ciel.

Le dirons-nous aujourd'hui, nous qui écrivons ces lignes ? La pensée qu'une telle enfant, au jugement si droit et à la piété si sincère, ne pouvait rester longtemps sur cette terre d'imperfections, est venue souvent à notre esprit. Nous nous refusions, cependant, à y croire, bercé que nous étions par l'illusion.

La douceur d'Aline, tous ceux qui l'ont vue de près l'ont expérimentée et pas une de ses compagnes n'oserait ici nous démentir ; toutes, elles s'entendent à dire qu'il n'y avait pas dans la paroisse jeune fille au caractère plus agréable.

Lorsque ses jeunes amies avaient été obligées de quitter le pays natal pour aller en pension, au retour des vacances, elles étaient fidèles à venir retrouver Aline et à passer avec elles des heures et des journées entières. Tout le monde la recherchait, parce que tout le monde l'aimait, et tout le monde l'aimait, parce qu'elle était douce. « *Beati mites, quoniam ipsi possidebunt terram :* bienheureux ceux qui sont doux, parce qu'ils posséderont les cœurs. » C'est là tout le secret de la parole de Notre-Seigneur.

A cette qualité si touchante, elle joignait celle d'une simplicité charmante, d'une simplicité pleine de bon sens. A dix-sept ans, elle est encore une enfant, et que de fois nous

nous sommes surpris nous-même à la croire beaucoup plus jeune qu'elle ne l'était en réalité ! Ah ! c'est que les âmes simples n'ont pas été touchées par l'esprit du mal et qu'elles conservent toujours la simplicité de l'enfance.

Que dire maintenant de l'affection qu'Aline portait à ses chers parents ? Avec quel soin, avec quelle tendresse elle leur rendait tous les petits services dont elle était capable ! Que de fois nous l'avons entendue dire à sa mère, si courageuse et si dévouée : « Maman, ne te fatigue pas, je vais moi-même te rendre ce service ! » Et que de fois nous l'avons vue vaquer avec entrain et gaîté aux soins du ménage, épargnant ainsi à celle qu'elle chérissait tant une peine et une fatigue bien grandes quelquefois !

Lorsque sa mère était malade, elle pleurait à chaudes larmes, et si alors ses maîtresses

de l'école, « ses bonnes sœurs, » qu'elle aimait
tant, lui posaient cette question : « Aline,
comment va votre mère aujourd'hui ? » elle
ne pouvait répondre et les larmes recommen-
çaient à couler. Ah! ces larmes, elles disaient
beaucoup, et son bon ange, à ses côtés, devait
les recueillir et les présenter à Dieu, comme
gage d'une affection bien pure et bien dévouée!

Et son bon père, et ses frères et sa sœur,
comme elle les chérissait! Lorsqu'elle en parlait, comme elle laissait déborder son cœur!

Comment ne parlerions-nous pas maintenant de la piété d'Aline, de cette piété si
ferme et si ardente qui a été, durant sa vie, le
plus beau fleuron de sa couronne ? Toute jeune
encore, c'était pour elle une joie ineffable
lorsque ses parents consentaient à la conduire
aux offices de l'église. Comme elle était heureuse et comme elle était belle en même temps,

alors que, à genoux devant l'autel, elle joignait ses petites mains et récitait dans son langage d'enfant les petites prières apprises sur les genoux de sa mère !

Et, plus tard, lorsque vint l'époque de sa première communion, avec quel soin elle s'y prépara ! Longtemps avant l'âge fixé pour accomplir cette grande action, elle connaissait la sainte Eucharistie et Celui qui y réside. Sa foi ardente lui montrait son divin Maître sous la blanche hostie qu'on exposait sur l'autel aux regards des fidèles; elle savait déjà par expérience toutes les tendresses de Celui qui consent à demeurer au tabernacle par amour pour nous. Aussi, quand arriva le jour tant désiré de cette première communion, Jésus la trouva toute prête à le recevoir. Lorsque ses pieux parents la virent s'avancer à la Table sainte, sous sa blanche parure, symbole si exact de la pureté de son cœur, quelles douces larmes l'émotion ne leur fit-elle pas verser !

Le souvenir de ce jour, qui, pour tout chrétien, est un jour du Ciel passé sur la terre, resta à jamais gravé dans la mémoire d'Aline. Tout ce qui pouvait lui rappeler ce beau jour était pour elle un vrai bonheur.

Il nous en souvient, nous l'avons entendu dire plusieurs fois à ses parents : elle n'était jamais plus heureuse que les jours de fête où il lui était permis de revêtir de nouveau la robe blanche de sa première communion.

Quand Dieu accordait une grâce signalée ou un grand honneur à l'un des membres de la famille, l'âme d'Aline, qui comprenait si bien ces faveurs, en ressentait une vive émotion. Il nous semble encore la voir au lendemain de notre sacerdoce, lorsque nous reparûmes à la maison paternelle, les mains pour ainsi dire encore tout humides de l'onction qui fait les prêtres. Avec quel respect mêlé d'étonnement elle nous considérait ! comme son cœur si pur semblait deviner les grandes choses qui s'étaient accomplies en nous! C'est un souvenir qui nous est resté et que nous pouvons bien dévoiler aujourd'hui que la modestie de notre chère parente ne peut en être blessée.

Mais c'est surtout dans sa dernière maladie, qui fut si courte, hélas! que les trésors de cette âme d'élite se manifestèrent d'une manière vraiment admirable.

Avec quelle douceur et reconnaissance elle recevait les visites qu'on lui faisait!

Sa connaissance, elle la garda jusqu'à la dernière heure, et c'est avec courage et fermeté que cette jeune fille de dix-sept ans vit arriver la mort, alors qu'à peine le chemin de la vie s'ouvrait devant elle. Pourquoi, en effet, craindre la mort quand on a mené sur la terre une vie aussi pure ?

Une semaine à peine avant ce terrible événement qui a tant contristé sa famille, Aline était allée faire un pèlerinage au cimetière, et elle s'était agenouillée à la place même où, quelques jours après, elle devait reposer elle-même. « Mère, disait-elle à son retour, j'ai mené aujourd'hui mes amies au cimetière. Je suis allée prier sur la tombe de tous les membres de notre famille : jamais, je crois, je n'ai si bien prié ! »

Étrange coïncidence ! Aline, comme toutes les saintes âmes, n'avait-elle pas alors un pressentiment de sa fin prochaine ? Peut-être, car les âmes comme la sienne voient fort avant dans les secrets de Dieu !

Durant sa maladie, avec quelle dévotion elle parlait de « son bon saint Joseph » !

Et quand sa mère lui présenta le chapelet de sa première communion, avec quelle joie elle le reçut et avec quelle ferveur elle se mit à prier la Très-Sainte-Vierge !

A la fin, lorsque sa faiblesse extrême ne lui permettait plus de réciter ses prières, elle s'unissait d'intention à celles qui se disaient autour d'elle. Et quelle consolation lorsqu'il lui fut donné de recevoir en son cœur le Dieu de sa première communion !

Enfin, le dimanche 29 septembre, l'état de la chère malade s'était aggravé d'une manière inquiétante. Tout espoir parut perdu et sa sœur aînée courut au presbytère. M. le curé, qui s'y trouvait seul, voulut lui-même, malgré la maladie mortelle dont il était atteint, se traîner jusque chez Aline pour lui procurer une dernière fois les secours de la religion, qu'elle avait déjà reçus quelques jours auparavant. Mais lorsqu'il arriva, il était trop tard, il ne put alors qu'apprendre la mort de la chère enfant. Épuisé lui-même par l'acte héroïque qu'il venait de faire, il tomba presque anéanti sur une chaise qui se trouvait à sa portée. Ce fut là d'ailleurs, après tant d'autres, le dernier acte de dévoûment de ce prêtre qui devait, quelques semaines plus tard, rendre lui-même son âme à Dieu [1]!

Aline était donc retournée à Celui qui l'avait mise sur la terre pour quelques années seulement. C'était le jour où l'Église célèbre la fête de l'archange saint Michel. Et, en effet, quel autre jour pouvait être mieux choisi par Dieu pour appeler à lui celle qui avait vécu sur la terre de la vie des anges?

Une foule nombreuse vint assister aux

1. M. l'abbé Boudard, curé-doyen de Châtillon-sur-Loing, mort le 9 novembre suivant.

obsèques : ce fut « un véritable triomphe »;
nous ne faisons que répéter le mot qu'une
bouche plus autorisée que la nôtre a prononcé
avant nous. Le cercueil disparaissait sous les
fleurs et les couronnes.

~~~~~~~~~

Et, maintenant, chère Aline, maintenant
que tu reposes là-bas dans ce petit coin de
terre où tant d'autres, qui me sont toujours
chers, t'avaient déjà précédée, daigne recevoir, du haut du Ciel, l'hommage de ces
quelques lignes. Je les ai écrites, poussé par
la reconnaissance que je dois à tes parents et
aussi pour que tu veuilles bien te souvenir de
nous tous dans tes prières.

Et vous, chers parents d'Aline, oncle et
tante vénérés, cousins et cousine aimés, vous
~~~~~~~~~

dont la résignation chrétienne a été si admirable en cette terrible circonstance, agréez, vous aussi, le faible hommage d'une affection qui ne disparaîtra jamais. Puissé-je avoir apporté à votre cœur désolé un peu de consolation !

Non, notre Aline n'est pas morte tout entière et il nous reste d'elle plus qu'un vain souvenir : il nous reste son âme, qui, certes, du haut du Ciel, intercède pour nous tous qui sommes condamnés à rester encore sur la terre !

Eugène RABY.

Orléans, le 21 novembre 1889,
en la fête de la Présentation de la T.-S.-Vierge.